A.·. N.·. E.·. S.·. L.·. A.·. D.·. G.·. O.·. D.·. F.·.

COMITÉ D'ÉRECTION

ET

D'INAUGURATION DU MONUMENT

CAMILLE PARIS

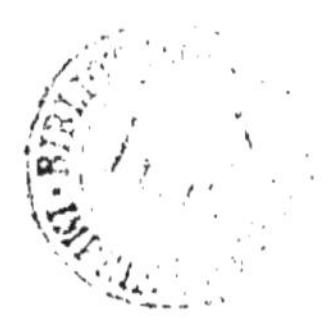

HANOI-HAIPHONG

Imprimerie d'Extrême-Orient

1909

(Cliché de Madame H. Havy, Quinhon.)

Monument élevé par souscription à la mémoire de C. PARIS inauguré le 25 janvier 1909, dans le cimetière de Quinhon (Annam).

A∴ N∴ E∴ S∴ L∴ A∴ D∴ G∴ O∴ D∴ F∴

COMITE D'ERECTION
ET
D'INAUGURATION
DU
Monument Camille PARIS

A la mémoire de N∴ T∴ C∴ F∴
CAMILLE PARIS.

TT∴ CC∴ FF∴

Dès que la triste nouvelle de la mort tragique de N∴ F∴ Pâris parvint en N∴ Or∴, un Comité fut constitué dans le but d'ériger un monument à sa mémoire.

Ce monument vient d'être inauguré et la presse locale a rendu compte de cette cérémonie dans les termes suivants :

« La cérémonie d'inauguration du monument élevé à la mé-« moire de notre compatriote Pâris, assassiné le 25 janvier de « l'année dernière, a été des plus imposantes. Toute la population « de Qui-Nhone était présente ainsi que des délégations Annamites « et les congrégations Chinoises.

« Ce monument est dû à la piété de quelques amis de ce « Français brusquement disparu en pleine vie, en plein travail. « Et cela est réconfortant comme est réconfortante la présence « émue de toute une foule autour de cette pierre commémorative. « Cela dit mieux que tous les discours qui ont été prononcés « ce qu'a été l'homme, ce qu'a été le colon, ce qu'a été le penseur. « Combattif, il l'était, ne transigeant jamais avec ses idées, avec « ses convictions mais cette combativité n'avait en rien diminué « l'estime et l'affection qu'il savait inspirer à ceux qui ne parta-« geaient point ses opinions.

« Et cette estime et cette affection qu'il savait gagner n'étaient « point seulement celles de ses compatriotes, mais celle encore « des Asiatiques qui le voyaient à l'œuvre et admiraient en lui le « pionnier énergique et droit.

« Autour du monument, auprès des anciens amis, étaient les « représentants de l'Administration et c'est encore là un hommage « qu'il est heureux de voir rendre à un travailleur mort en plein « labeur.

Nous reproduisons ici les discours prononcés à cette cérémonie commémorative :

Discours de M. Schneider aîné

Mesdames, Messieurs, Très Chers Frères,

Après le massacre du garde principal Robert, le meurtre de l'administrateur Odend'hal, un nouveau crime des Moïs, commis le 25 janvier 1908, enlevait Camille Paris à notre affection.

Ce fut un jour de deuil sombre.

Depuis, une année s'est écoulée, et, en cet anniversaire, si notre deuil reste entier et aussi douloureux, la cérémonie d'inauguration à laquelle nous assistons réconforte notre cœur : c'est la fête du souvenir.

D'autres que moi vous rappelleront les qualités de notre cher disparu.

Ma tâche, aujourd'hui, est toute autre.

Je ne peux cependant pas me dispenser, avant tout, de redire le péroraison si simple et cependant si émouvante du discours prononcé par notre ami Havy, au jour des obsèques.

Il disait :

« Cher camarade Paris ! Le bon parmi les bons, reçois au nom des libres « penseurs, au nom des vrais républicains, tes frères, un fraternel et dernier « salut.

« Ton souvenir restera parmi nous, ineffaçable.

« Adieu ! Frère Paris, dors ton dernier sommeil.

« Ta femme, tes enfants, ne seront pas abandonnés, j'en ai la certitude, « Adieu ! »

Vous aviez raison, frère Havy, de parler ainsi !

Vous aviez raison de nous convier au culte du souvenir, à la fraternelle solidarité qui nous unit.

Nous vous remercions.

Qu'on ne se méprenne cependant pas sur mes paroles car je me garderais bien de dire que cette solidarité, à l'instant évoquée, n'existe que dans notre groupement maçonnique.

Ce serait mal connaître le cœur humain.

Je proclame, au contraire, que partout où il y a réunion d'hommes, le sentiment de solidarité est avec eux.

Si parfois, au cours de la vie et surtout de cette vie de lutte particulière des Colonies, ce sentiment paraît s'émousser, s'amoindrir, il suffit souvent de peu de chose pour le faire renaitre, car il est exact d'affirmer que sans solidarité entre eux, les hommes ne peuvent rien et qu'avec cette vertu, ils peuvent tout.

Inutile d'aller chercher ailleurs qu'ici la preuve de ce que j'avance.

Notre ami Havy, il y a un an, faisait appel à nos cœurs.

Aussitôt, une souscription fut ouverte et son résultat, instantané pourrais-je dire, nous permit d'élever le monument que nous inaugurons et de tendre une main fraternelle à la famille de notre cher disparu.

N'est-ce pas encore ce même sentiment de solidarité qui réunit ici, dans une même pensée, présents ou représentés, fonctionnaires et colons.

Au nom du Comité, merci à tous nos souscripteurs. Merci à vous, Mesdames et Messieurs, d'être venus nous assister en cette circonstance, jusqu'en ce coin de cimetière de Qui-Nhon, malgré les difficultés de temps et de distance.

Merci à l'Administration de l'Indochine qui, en assistant officiellement à cette cérémonie, a tenu à indiquer que tous, en ce pays, collaborons par des moyens différents, à la même œuvre de colonisation et que nous sommes désormais tous unis pour honorer la mémoire de ceux qui succombent, victimes du devoir.

Nous sommes aussi très reconnaissants à M. le Résident supérieur en Annam, de s'y être fait représenter et il nous est on ne peut plus agréable d'avoir, près de lui, comme interprète de nos sentiments, notre vieil ami Bouyeure.

Trois projets de monument ont été présentés à l'examen du Comité, lequel manquerait à tous ses devoirs s'il n'en remerciait pas leurs auteurs ; il y ajoute ses bien vives félicitations pour notre frère Van Raveschot, dont le projet fut adopté.

Ses remerciements iront également à MM. Guillaume frères, constructeurs, M. Mahé entrepreneur, qui a bien voulu nous offrir gracieusement sa précieuse collaboration pour l'édification du monument.

C'est cette œuvre de pure solidarité, qu'au nom du Comité, j'ai l'honneur de confier aux bons soins, à la garde de M. Langellier Bellevue, Administrateur Résident de la province de Qui-Nhon, le remerciant en même temps de son bienveillant et estimé concours.

Honneur à Camille Paris !

Discours de M. Langellier Bellevue, Résident de Qui-Nhon

Mesdames, Messieurs.

Bien peu de temps s'est écoulé depuis le jour où, à cette même place, mon prédécesseur vous rappelait en termes émus la carrière toute de droiture et de loyauté de notre compatriote et ami regretté.

Patriote ardent, soldat intrépide et généreux, il ne marchanda à notre France, ni sa peine, ni son dévouement. Le danger, il ne l'a jamais redouté ; et dès le début de sa vie militaire, nous le voyons, au mépris de sa propre existence, se dévouer, au cours d'une épidémie de fièvre jaune qui décimait ses camarades à la Martinique, en 1877.

A l'école du régiment où les fatigues, les privations, l'abnégation, le danger sont l'honneur du soldat français, Paris développe encore les qualités de cœur et d'esprit qu'il possédait déjà au plus haut point.

A sa sortie du régiment, il entre dans l'administration des Postes. Ici, nous trouvons le fonctionnaire d'une valeur, d'un zèle, d'une intégrité, d'un courage au-dessus de tout éloge. Vous n'ignorez pas, Messieurs, les travaux multiples et difficiles qu'il accomplit du Nord au Sud de l'Annam et au Tonkin dans les circonstances les plus défavorables, risquant vingt fois sa vie et les actes d'admirable dévouement dont il fut le héros, notamment lorsqu'il allait rechercher dans les débris fumants du village de Nam-O les restes du Capitaine Besson et de son escorte massacrés, et qu'il les rapportait pieusement à travers mille dangers, sur le croiseur *Hugon*, en rade de Tourane.

C'est après cette période de sa vie que, fatigué par le climat, brisé par les privations qu'il avait éprouvées et plus que son devoir accompli, Paris rentre en France.

On pensait alors qu'il allait jouir d'un repos mérité, son état de santé très précaire nécessitait un long séjour dans la métropole. Mais on avait compté sans son besoin insatiable d'activité, sans son amour passionné pour l'Indochine.

A peine arrivé en France, il pense à revenir. L'Administration à laquelle il appartient n'offre plus un champ d'action assez vaste à son énergie, à son besoin de travail. Il s'établit colon dans cette Indochine, où une telle carrière exige de celui qui l'embrasse les plus grands efforts, une connaissance complète du pays et de ses habitants, une initiative, une hardiesse, un labeur de tous les instants.

Rien ne pouvait mieux convenir au caractère de Paris et à ses aptitudes. Aussi, se vouant tout entier à l'œuvre entreprise, fut-il le colon exemplaire, l'éducateur patient et avisé de l'indigène dans ses procédés nouveaux d'industrie et de culture, le bienfaiteur de l'Annamite en développant son commerce et par suite sa richesse. Je ne sache pas qu'on puisse faire en notre temps d'un homme un plus bel éloge, et Paris l'a pleinement mérité.

La mort aveugle, toujours cruelle et impitoyable arrêta net et brisa en pleine action, au moment où il allait recueillir le prix de son infatigable labeur et de ses efforts persévérants, ce lutteur généreux, cet incomparable serviteur de la France.

L'homme privé que fut Paris n'est pas moins admirable que ne l'ont été le soldat, le fonctionnaire, le colon. Vous ne vous rappelez certainement pas, Messieurs, sans émotion, les fortes qualités qui formaient le fond de son caractère : une application constante de tous ses devoirs, une passion de travail qui ne connaissait pas le repos, une sincérité profonde, une franchise ardente dans ses paroles, une honnêteté scrupuleuse dans ses actes, une sûreté et un dévouement sans borne dans ses amitiés.

Que n'aurais-je encore à vous dire du mari parfait, du père tendre et dévoué que fut Paris, si je ne craignais de raviver la peine de l'épouse fidèle, de l'amie sincère de tous les instants, de la collaboratrice éclairée qu'il laisse parmi nous ? Vous savez tous, Messieurs, les sentiments qu'il éprouvait pour les siens, de quelle tendresse et de quels soins il les a toujours entourés.

Puisse l'hommage de respectueuse sympathie que nous apportons à sa veuve et à tous les siens, adoucir leur profonde douleur.

Que ce monument que nous inaugurons perpétue à jamais dans nos cœurs le souvenir du soldat courageux, du fonctionnaire intègre, du colon modèle, du penseur convaincu et esclave de la vérité, du père tendre et dévoué que fut Paris !

Discours de M. Havy, Payeur de Qui-Nhon

Mes dames, Messieurs, Mes Très Chers Frères.

Une année déjà s'est écoulée depuis le jour où, profondément émus, attristés, nous remplissions le pieux devoir d'accompagner ici même à sa dernière demeure Camille Paris, l'ami dont nous gardons précieusement le souvenir, tué dans les tristes circonstances que nous ne saurions oublier par d'infâmes et vils sauvages.

Rendant alors hommage aux sentiments de bonne et franche camaraderie, à la sincérité des convictions, à la droiture de caractère de celui qui lutta toujours et sans cesse de toute son énergie pour le développement du bien, pour la propagation du respect des croyances de chacun, j'adressais au nom de toute la Franc-Maçonnerie indo-chinoise un suprême adieu à ce bon, à ce vrai républicain dont le courage civique, le large et le sage esprit d'indépendance et de solidarité furent toujours chez lui l'âme agissante de sa volonté, de ses principes, l'œuvre de tous ses actes.

Honneur à Paris! disais-je. Son œuvre sera continuée! Puis : Et Toi! Cher camarade Paris, le bon parmi les bons, reçois de tous les frères un fraternel et dernier salut. Ton souvenir restera parmi nous ineffaçable, ta femme, tes enfants ne seront pas abandonnés, j'en ai la certitude.

Ces promesses solennelles, la Maçonnerie Indo-Chinoise les a ratifiées, elle les a tenues.

Devant cet imposant monument funéraire commémoratif que nous inaugurons, aujourd'hui, que nous consacrons à la mémoire de ce bien regretté frère Paris, m'échoit encore un devoir à remplir, c'est la mission de présenter à notre chère sœur Paris, sa veuve et aux enfants que le sort a avec elle si profondément et si cruellement éprouvés, les respectueux hommages de condoléances et de solidarité de tous les Francs-Maçons d'Indo-Chine.

Le concours bienveillant de votre présence ayant rehaussé et honoré cette commémorative manifestation, je tiens, Mesdames et Messieurs, à vous en remercier et à vous assurer des sentiments de profonde reconnaissance des Ateliers Maçonniques indo-chinois.

Aux délégués ici présents, je transmets les fraternelles salutations des mêmes Ateliers.

Puissent ces deux journées des 25 janvier 1908 et 25 janvier 1909 prendre date et faire époque dans les Annales de la Libre Pensée où désormais le nom de Camille Paris s'inscrira en lettres d'or.

Aujourd'hui encore, je dis : Honneur à Camille Paris !

Discours de M. Tortel au nom de M. Delignon

Mesdames, Messieurs,

M. Delignon absent me charge de lire ces quelques lignes sur la tombe de son regretté ami.

Réunis en ce triste anniversaire devant la tombe de Paris nous communions dans la piété du souvenir.

Nous revivons les heures douloureuses où la fatale nouvelle nous parvint, nous trouvant tout d'abord incrédules. Hélas, les renseignements reçus ensuite, non seulement ne permettaient plus d'espérer mais ajoutaient encore, par leur cruauté, à l'horreur de la catastrophe.

Quelle fin tragique, Messieurs, comment y songer sans épouvante! Quels mots pourraient rendre l'atrocité de ces instants où Paris au milieu d'indicibles souffrances, adressait aux siens ses dernières pensées, évoquait une dernière fois, les radieuses images de sa femme et de ses enfants si loin de la sombre forêt d'Annam.

Un an s'est écoulé depuis ces affreux moments, et le crime est demeuré impuni! Je ne veux pas, en ce lieu prononcer de trop dures paroles ; mais je tiens, néanmoins, à dire qu'en ma double qualité de patron et d'ami de la victime, j'avais le devoir et j'avais le droit de dénoncer ses meurtriers ;

l'autorité judiciaire est saisie de ma plainte, je ne doute pas un instant qu'elle ne les poursuive.

En vérité, Messieurs, je ne puis m'empêcher d'ajouter que cette lenteur à poursuivre les coupables n'est pas ce qu'il y a de moins navrant dans ce lamentable drame.

Il est réconfortant, par contre, de voir combien les amis de Paris ont su garder son souvenir. Au surplus, il n'était pas de ceux que l'on oublie. Nature énergique et droite, travailleur infatigable, lutteur toujours sur la brèche, la puissance de son activité, l'ardeur de ses convictions s'imposaient. Il était bien de ces colons de la première heure, pleins de généreuses illusions, conquérants méprisant les obstacles et marchant droit au but sans voir les ronces du chemin.

Il aimait passionnément cette terre d'Annam à laquelle il devait donner jusqu'à son dernier souffle. Il y aura vécu les plus heureuses, les plus enthousiastes, les plus nobles heures de sa vie, de même qu'il y aura connu toutes les plus terribles souffrances.

Dans ce lointain cimetière de Quinhon au milieu de sépultures inconnues ou oubliées se dresse aujourd'hui le monument élevé à la mémoire de Paris, il témoigne de la fidélité de notre affection ainsi que de la haute et profonde estime dans laquelle nous tenions le pauvre disparu.

Inclinons-nous, Messieurs, devant cette tombe ; saluons bien bas celui qui se consacra tout entier à la cause coloniale et lui donna jusqu'à sa vie. Sachons retenir nos larmes et nous montrer dignes de l'homme que nous honorons ; à son exemple poursuivons fermement notre route sans nous laisser intimider par les dangers qui peuvent surgir. S'il en est parmi nous qui succombent, d'autres continueront leur tâche, sans faiblir, ayant au cœur l'amour passionné de la France et donnant tout pour servir la patrie.

Discours de M. Dombert, Industriel

Au nom des colons de la province du Binh-dinh, je viens offrir à celui qui repose sous ce monument, à notre regretté camarade Paris, le témoignage de notre fidélité à sa mémoire.

Il y a un an, à cette époque, tant les mauvaises nouvelles ont des ailes, que les premiers bruits de sa fin tragique vinrent semer l'angoisse parmi nous ; peu après hélas ! nous avions le douloureux devoir de le conduire ici en ce champ de repos.

J'eus alors à adresser à Paris, au nom des colons, des paroles élogiant sa vie, dépeignant nos sentiments à son égard. Aujourd'hui notre présence ici, à cette date, à cette cérémonie, témoigne de notre sincérité d'alors.

J'ai aussi dit ici, jadis, combien était profonde notre commisération pour sa veuve et ses orphelins, je leur demanderai aujourd'hui la permission de leur renouveler l'expression de ce même sentiment et de leur affirmer, en outre, sa sincérité.

Je viens également, au nom des membres du cercle de Quinhon, payer un tribut de gratitude à Paris, notre ancien collègue, car nous ne saurions oublier qu'il fut, non seulement, un des premiers membres fondateurs de notre cercle, mais qu'il en fut encore un de ses plus zélés promoteurs.

Au nom des colons de la province, au nom des membres du cercle, je viens affirmer ici, à Paris, que son souvenir ne saurait périr en notre mémoire et que son tombeau sera toujours pour nous lieu de pélerinage.

Je remercie aussi ceux qui ont pris l'initiative de cette cérémonie pour nous avoir permis de donner à Paris un nouveau témoignage de notre attachement à sa mémoire.

Discours prononcé par M. Mathey, Membre correspondant de la Chambre mixte de Commerce et d'Agriculture de l'Annam.

Mesdames, Messieurs,

J'ai reçu hier le télégramme suivant :

Apprenons officieusement que monument élevé mémoire regretté collègue Camille Paris sera inauguré prochainement vous serions reconnaissant représenter Chambre Commerce en cette circonstance.

Signé : *Président.*

Mesdames, Messieurs,

Il y a un an, devant cette tombe prématurément ouverte, aucune voix ne put s'élever, en raison de la distance, pour saluer une dernière fois au nom de la Chambre de Commerce et d'Agriculture de l'Annam, la dépouille mortelle de Camille Paris, membre de cette Assemblée.

Aujourd'hui, sans l'omission qui a été faite, une parole beaucoup plus autorisée que la mienne, celle de l'estimé Président de la Chambre de Commerce et d'Agriculture de Tourane, se serait certainement fait entendre devant ce monument.

Malgré celà, notre Compagnie a tenu à s'associer à l'hommage posthume rendu à son regretté collaborateur, et, elle m'a fait l'honneur de me déléguer pour la représenter en cette circonstance.

C'est qu'en effet le souvenir de Camille Paris est resté fidèle et vivace dans lés cœurs de ses collègues de la Chambre de Commerce et d'Agriculture ; et ils n'ont point voulu qu'à la cérémonie d'inauguration de ce monument érigé pour perpétuer la mémoire d'un des plus vaillants colons, personne n'apportât au nom de l'Assemblée élective des colons de l'Annam un salut ému à celui qui est mort sur la brèche.

Je ne vous retracerai point la vie de Camille Paris. Je me plairai simplement à mettre en relief ses remarquables qualités.

Travailleur infatigable, esprit cultivé et érudit, homme d'initiative et d'action, Paris qui s'était fait lui-même à force de tenacité représentait en quelques sorte, le prototype du colon.

Ses pairs, en l'envoyant comme représentant des provinces du Binh-dinh et du Phu-yen défendre leurs intérêts au sein de la Chambre de Commerce et d'Agriculture, avaient fait un choix heureux, et le souvenir de sa collaboration féconde, assidue et intelligente à cette assemblée ne s'effacera jamais ; sa mort est un enseignement pour la colonisation Indochinoise.

J'apporte ici à la mémoire de Paris le tribut de regret et le témoignage de profonde estime de ses collègues de la Chambre de Commerce et d'Agriculture, et je prie sa veuve d'agréer en leur nom l'expression de leurs hommages respectueux, douloureux et sincères.

Discours de M. Lê-ba-Tong, Secrétaire Interprète au nom de nombreux Annamites de la province.

Nous venons ici, profitant de la cérémonie célébrée à la mémoire de M. Paris, exprimer tous nos regrets de la perte de cet estimable et honorable colon.

M. Paris habitait depuis longtemps Quinhon; à la ville comme dans les villages, tout le monde le connaissait fort bien. M. Paris était très complaisant et très bon avec nous ; malgré son honorabilité, il ne dédaignait jamais de causer avec un pauvre annamite qui s'adressait à lui.

Grâce à ses plantations, aux grandes usines qu'il a installées à Phu-Phong, les habitants des villages environnants gagnent paisiblement leur vie soit par le travail manuel, soit en fournissant des matières nécessaires à l'industrie.

M. Paris était très savant, très laborieux ; quoique chargé de nombreuses occupations, il se réservait quand même quelques heures par jour pour apprendre les caractères avec lesquels il se promettait de faire de livres utiles devant donner aux indigènes la connaissance des bons procédés de l'agriculture, du commerce et de l'industrie. Sa mort subite ne lui a pas permis de réaliser cette œuvre très intéressante sur laquelle nous fondions de grands espoirs.

C'est aussi en allant rechercher dans la haute région du caoutchouc qu'il devait rapporter pour en étendre la culture dans le pays qu'il fut tué par les Moïs barbares de Konklott.

Nous formulons les plus grands vœux pour que l'âme de M. Paris obtienne toutes les douceurs et les réjouissances qu'on prétend avoir dans le paradis, dans l'autre monde où elle doit être maintenant. Et nous présentons à Madame Paris, à ses enfants et parents, l'hommage respectueux de nos sincères condoléances.

Discours de M. Bouyeure, Inspecteur des Services Civils, représentant le Résident Supérieur en Annam.

Mesdames, Messieurs.

Monsieur le Résident Supérieur m'a délégué à l'inauguration du monument élevé par des mains amies à la mémoire de Camille Paris. Je suis d'autant plus sensible à l'honneur qui m'est réservé que j'ai, en adressant à l'homme qui, pendant vingt-trois ans, fut mon ami personnel les marques de haute estime dont l'entourait le gouvernement, l'occasion de remplir un devoir de sincère amitié.

Dans les touchants discours que vous venez d'entendre, les traits principaux de la vie de Paris ont été mis en lumière avec éloquence. MM. Schneider, Langellier, Havy, Delignon nous ont montré tour à tour l'homme privé, le fonctionnaire et le colon dont Paris sut faire valoir avec l'éclat les brillantes qualités.

La nature ardente de Paris, la conception raisonnée de tous ses devoirs de citoyen, l'amour sans bornes qu'il avait voué à la Patrie, l'abnégation qui présidait à son désir de voir devenir l'Indochine belle et prospère, le souci de rendre industrieux les Annamites, enfin la tendresse qui régnait à son foyer, ont fait l'admiration de tous et je suis chargé par le Gouvernement de marquer ici les regrets que laisse la mort d'un homme dont le passé fut tout de travail, d'honneur et de bien.

Je m'incline avec respect devant la poignante douleur de la compagne aimée qui, dans les circonstances de la vie mouvementée et très laborieuse de Paris, partagea avec tant de caractère les peines du père de famille, le réconfortant par la bonne et douce confiance avec laquelle il savait voir accueillir ses décisions ou même les sacrifices imposés par le but qu'il se proposait d'atteindre.

C'est avec la plus vive émotion que je m'incline aussi devant la perte angoissante et incommensurable qu'ont fait ces charmants enfants trop jeunes encore pour comprendre l'étendue du malheur qui les frappe.

Le monument que nous inaugurons aujourd'hui est destiné à perpétuer la mémoire de Paris. Dans l'esprit des anciens, de tous ceux qui l'ont connu et approché, son souvenir vivra. Le pieux amoncellement de pierres disposées artistiquement a surtout le but de consacrer un devoir, celui d'affirmer aux générations futures qui nous poussent et nous succéderont bientôt que la conquête de l'Indochine, son organisation, les progrès du pays, ont nécessité de la part de tous un incessant labeur, la plus rude abnégation et surtout beaucoup de foi en l'avenir. Les premiers pionniers se sont distingués par une indomptable énergie, ils ont méprisé les dangers ne se sont pas une seule minute laissés gagner par le découragement; Paris, Messieurs, plus que beaucoup d'autres en a donné l'exemple.

Il a été fait allusion à sa belle conduite, lors du massacre à Nam-chuong du capitaine Besson et des soldats d'infanterie de marine chargés d'étudier les premières lignes de pente à donner à la route du col des Nuages. Cet acte n'est pas un fait isolé dans la vie de Paris, je pourrais en citer d'autres et notamment ceux qui se sont succédés au cours des constructions télégraphiques dont fut chargé Paris dans les pays les plus troublés. De nuit, de jour, son esprit était constamment en éveil faisant avec son équipe le coup de feu non-seulement pour se défendre mais pour avoir le droit de pousser rapidement et sans relâche la mission très importante qui lui avait été confiée. Paris était seulement commis de 2e classe des Postes et Télégraphes quand il accomplissait ces prouesses.

Paris après avoir quitté l'Administration des Postes et Télégraphes poursuivit avec une fermeté rare le développement progressif d'une industrie intéressante.

Attiré vers Qui-Nhon, dont il m'a en maintes circonstances dépeint les charmes, il s'est acharné à faire naître dans le pays le goût des perfectionnements industriels. Prêchant d'exemple et constamment au travail, il essayait et faisait tenter des essais aux indigènes en vue d'obtenir une vente plus facile et aussi plus rémunératrice des produits. Nous savons tous le grand pas qu'il a fait faire au tissage des crépons de soie et l'important commerce dont il est ici le créateur. La pénurie des récompenses dont dispose le Gouvernement a seule empêché que l'étoile des braves si souvent conquise par Paris au cours de son existence héroïque ne vienne récompenser ses efforts.

Paris, Messieurs, aimait Qui-Nhon de tout son cœur; je le vois encore, au moment où le bâtiment qu'il a construit sortait à peine de terre, me racontant ses impressions et me faisant part du bonheur qu'il éprouvait à contribuer au développement de cette ville. « Voyez, me disait-il, comme le site est agréable, comme la mer est belle, j'aime le flot qui, pendant les heures où chaque jour cessent les affaires, me pousse à une douce rêverie précurseur du repos réparateur ». Paris, Messieurs, fut un fonctionnaire sans reproches, un colon sans découragements, un ami sincère, un père de famille mo lèle et ne dédaigna point la littérature, ce fut aussi un poète.

A l'ombre de ce monument, que son repos désormais éternel soit bercé doucement par ce murmure des flots qui l'inspirait, que sa réputation grandisse et enfin que le signe extérieur, gage des amitiés qui ne périssent pas, reste pour ses enfants comme pour les générations futures la marque indestructible d'un hommage rendu à une vie toute de probité et d'honneur.

Le Comité a pensé qu'il était bon de conserver le souvenir de cette imposante cérémonie dans les archives de chacun des Ateliers Indochinois et d'y ajouter, sous forme de notice biographique, le résumé de l'œuvre morale accomplie par N.·. vaillant F.·. C. Paris, en ce pays.

Cette notice sera, pour beaucoup un enseignement ; elle fera aussi mieux connaître la valeur de l'ami que nous venons de perdre.

Notice biographique

Né en 1858, Camille Michel Pâris, est surnuméraire de l'administration télégraphique en 1876.

En 1877, nous le retrouvons à la Martinique dans l'Infanterie de Marine qu'il quitte comme Sergent Major en 1881 ; puis, après être resté deux années en Algérie, Commis des Postes et Télégraphes, il d'barque au Tonkin le 3 mars 1884.

De cette date à juin 1889, on peut dire que ces cinq années passées à la construction de lignes télégraphiques en Annam, constituent une période de sacrifice et d'abnégation.

De Huê à Tourane, c'est le choléra qui sévit ; plus loin, vers le Sud, le pays est en pleine rébellion.

Mais que peuvent faire à Pâris les dangers dont il est menacé ! Avec le même calme et le même sang froid qu'il avait agi à la Martinique au milieu d'une épidémie de fièvre jaune, il continue ici l'œuvre de civilisation dont il a été chargé.

Cerné par les rebelles, il les maintient par son énergie et les oblige même à réparer la ligne télégraphique qu'ils viennent de couper.

Mais, le Quang-Nam est en feu et il reçoit l'ordre de l'abandonner. Il tente alors de continuer par le Sud le travail commencé par le Nord. Entré dans la province du Quang-Ngai, sans escorte, il termine, en 21 jours, la construction de sa ligne avec les autorités indigènes comme chefs d'équipe.

Atteint de dysenterie dans la région malsaine de Cam-Ranh, Pàris ne consent à aller à l'hôpital de Quinhon que sa mission terminée.

Après cinq années d'un labeur semblable, il rentre en France en juin 1889.

Revenu en Indo-Chine 8 mois plus tard, Pàris commence une nouvelle période qui va durer jusqu'en 1896 et que nous appellerons période scientifique.

En effet, ayant mis à profit ses voyages en Annam, il publie, en 1889 « l'Itinéraire de Huè en Cochinchine avec 6 cartes en couleurs ». Il est, pour cet ouvrage, Lauréat de la Société de Géographie de Paris qui lui décerne la grande médaille d'argent.

Utilisant le peu de loisirs que lui laisse son service de Receveur des Postes de Tourane, il publie, en 1890, son « Abrégé de l'Histoire de l'Annam ».

Entre temps, il envoie au Museum des documents anthropologiques qui sont publiés dans la Revue d'anthropologie.

En 1891, il publie « L'Annamite, ses caractères ethniques »,

En 1892 « Les ruines Tjames de la province de Quang-Nam ».

Chargé par le Ministre de l'Instruction Publique de poursuivre l'exploration épigraphique et archéologique de l'Annam commencée en 1885 par M Aymonier, il s'en acquitte à la pleine satisfaction du Comité des Travaux historiques, mission qu'il terminera plus tard et qui lui vaudra en 1900, la rosette d'Officier de l'Instruction Publique.

L'activité de Pàris ne peut être absorbée complètement par son service et ses études archéologiques ; aussi, prépare-t-il une troisième période dite de colonisation agricole et industrielle dans laquelle nous le retrouverons tout à l'heure.

On lui doit les premiers essais de culture du thé d'Annam et café (1891); il consacre toutes ses économies à tenter ces cultures dans les environs de Tourane où il continue à exercer ses fonctions de Receveur des Postes et Télégraphes.

En 1893, ayant droit à son congé administratif, il en profite, au lieu de partir en France jouir d'un repos cependant si bien mérité, pour aller à Singapore, Johore, Java, étudier la culture et la préparation du thé et du café.

De retour, il crée une plantation de café et publie, en deux opuscules, le résultat de son expérience et de ses observations:

Le thé d'Annam (1894) } Médaille de vermeil de la Société de
Le café d'Annam (1895) } Géographie Commerciale de Paris.

En 1896, Pâris, par *économie budgétaire* (?), fut remis à la disposition du Ministre et appelé à reprendre du service dans la Métropole.

Fonctionnaire, il s'incline devant la décision administrative, mais, vieux colonial, il se fait mettre en disponibilité régulière et revient à Quinhon comme colon, ayant à sa disposition des fonds que sa réputation de probité lui a fait trouver facilement.

C'est à ce moment que le Ministre de l'Instruction Publique lui confie, par arrêté du 18 avril 1898, la mission de terminer l'exploration épigraphique et archéologique de l'Annam, continuée déjà très brillamment les années précédentes.

Pâris en est donc à sa troisième période, celle de « Colonisation Agricole et Industrielle ».

Installé sur le plateau d'An-Ké, en pleine région Moï à Dak-Jopau (100 kilomètres de Quinhon), il défriche ce plateau et y plante, pour commencer, 120.000 caféiers, y acclimate le caoutchouquier ceara, la coca, la kola, l'eucalyptus. Il éprouve des échecs complets sur le coton, la vigne, le blé et partiels sur d'autres plantes, mais il ne se décourage pas et replante jusqu'à complètes expériences ce que la sécheresse ou la malveillance lui tue.

Plus près de la côte, il se livre en même temps à l'industrie du crépon, élargit les métiers, assouplit les soies; son associé M. Delignon, les teint, les frappe, les imprime et les livre à l'élégance Française. Dès 1904, il en était livré ainsi 45.000 mètres annuellement.

Pàris songe alors à utiliser tous les terrains disponibles en mûrier. En un an, au cœur de la province, soit à mi-chemin entre Quinhon et Dak-Jopau, l'usine de Phu-Thuong est construite. Elle comprend peu après un grand nombre de bassines, tout l'agencement du tissage et du moulinage des soies et il y est adjoint une magnanerie.

L'administration des Postes et Télégraphes avait, en 1896 et sous prétexte d'économie budgétaire, remit Pàris à la disposition de la Métropole, M. Delignon qui fut son bailleur de fonds, son associé et qui est resté son ami jusqu'à la mort, jusqu'après la mort peut-on dire, lui confia largement ses capitaux. Il sut tenir compte de la valeur inestimable du pionnier de colonisation et de civilisation qu'était Camille Pàris, constamment aux prises avec les difficultés de toutes sortes, ne se laissant rebuter par aucune, qu'elles proviennent des hommes ou de la nature.

Après avoir esquissé à grands traits les trois périodes qui se sont succédées de 1885 au 25 janvier 1908, date de sa mort, il nous reste à évoquer le souvenir de Pàris intime, du père de famille, du bon camarade, du citoyen, enfin du penseur qui toujours prêt à soutenir une controverse, à rendre justice à ses adversaires, ne les ménageait pas non plus lorsqu'il constatait que les actes de ceux-ci étaient en contradiction avec les intérêts du pays d'Annam qu'il aimait de plus en plus, à mesure qu'il le connaissait mieux.

En quelques mots émus, un homme qui ne pouvait être suspect de partialité et représentait le Résident supérieur de l'Annam à l'inauguration du monument qui lui était élevé, condensait la pensée de tous en disant :

« La nature ardente de Paris, la conception raisonnée de tous « ses devoirs de citoyen, l'amour sans bornes qu'il avait voué à la « patrie, l'abnégation qui présidait à son désir de voir devenir « l'Indochine belle et prospère, le souci de rendre industrieux les « Annamites, enfin la tendresse qui régnait à son foyer, ont fait « l'admiration de tous et je suis chargé par le Gouvernement de « marquer ici les regrets que laisse la mort d'un homme dont le « passé fut tout de travail, d'honneur et de bien ».

Plus loin, il ajoutait : « Pàris, Messieurs, fut un fonctionnaire « sans reproche, un colon sans découragement, un ami sincère, « un père de famille modèle et ne dédaigna point la littérature : « ce fut aussi un poëte ».

Nous n'ajouterons rien à ce jugement, mais le complèterons par des extraits d'un ouvrage ayant pour titre « Missionnaires d'Asie » qu'il publia en 1905.

Tout d'abord, la Préface :

PRÉFACE

Les missions catholiques sont tellement audacieuses qu'elles ont réussi jusqu'à présent à faire croire au monde civilisé que leur influence était bienfaisante chez les peuples extra-européens où elles s'établissaient.

Comment ruiner une telle opinion quand on voit, tout près de nous, le 4 novembre dernier, l'Académie française décerner un prix de 2.000 francs à l'abbé Piolet pour son livre LES MISSIONS CATHOLIQUES FRANÇAISES AU XIXe SIÈCLE.

Dans les sociétés où on ne les récompense pas comme à l'Académie, on semble les ignorer. A la réunion pacifiste du Trocadéro, le citoyen Keufer a reproché aux missions militaires de nous entraîner aux expéditions coloniales ; il eut pu comprendre dans ce reproche les missions catholiques. Ce sont les missions catholiques qui ont amené la conquête de la Cochinchine, l'insurrection annamite de 1887, la révolte des Manillais enfin las du joug des moines : ce sont les missions catholiques qui ont provoqué presque toutes les humiliations infligées à la Chine, ce sont les missions catholiques qui dépeuplent les îles de l'Océanie ; la tranquillité ne règne que chez les peuples fermés aux missions catholiques.

La responsabilité de cet arrêt dans l'émancipation de nos frères asiatiques incombe pour la plus grande part à la France dont l'orgueil est flatté par la protection qu'elle accorde à ces missions, à la France qui tolère chez elle l'école noire où se forment ces fauteurs d'insurrections, ces avides spoliateurs de la conscience et des biens des peuples faibles.

Est-il juste, est-il humain, que la France se débarasse des congrégations et leur ouvre nos colonies comme exutoire, et les imposent aux races qui n'en veulent pas ? Et le socialisme même n'est-il pas égoïste en limitant ses efforts d'émancipation à l'Europe, et en approuvant par son silence, que nous lâchions sur d'autres peuples la meute de loups que nous expulsons, en défendant à ces peuples apeurés de les chasser à leur tour sous peine d'être massacrés par nos canons et nos fusils ?

Certes, je réprouve aussi les expéditions coloniales sanglantes, mais j'admets comme un devoir d'humanité la colonisation pacifique, c'est-à-dire la pénétration de peuples ignorants de leurs droits sociaux par ceux qui en sont en pleine possession et qui peuvent les aider dans la marche au progrès.

Les événements sociaux qui se multiplient sur différents points du Globe marquent une ère nouvelle en internationalisant la solidarité. Il convient aujourd'hui aux adversaires des colonies de rompre le silence qu'ils ont gardé jusqu'ici sur la vie sociale dans ces colonies. Qu'ils s'opposent de toutes leurs forces à de nouvelles conquêtes, mais qu'ils s'intéressent à l'existence des peuples que nous nous assimilons et qui sont nos frères.

Je comprends que le socialisme se soit opposé à nos expéditions militaires : nous n'avions aucune bonne raison de tuer des individus dont nous prétendions vouloir améliorer le sort. Mais aujourd'hui, nous sommes en présence d'un état de choses accompli. On a fini de tuer depuis longtemps, du moins en Indochine. La colonisation a repris ses droits. Le colon français n'est pas comme on le croit beaucoup, un capitaliste avide se livrant au pillage de peuples naïfs. C'est un travailleur à qui la besogne manque au pays natal et qui va dans les pays plus vastes et moins exploités, mettre son petit pécule en coopération avec le travail indigène. A son contact, à son exemple, se poursuit chez les Annamites une adaptation dont le résultat est un progrès social. Et à ce titre, l'évolution dont la colonisation française marque le départ ne doit pas rester indifférente à ceux que préoccupe la solidarité universelle des peuples.

Voici donc le problème tel qu'il se présente aujourd'hui : Nous avons accepté, je dirai même pris d'office la tutelle de races mineures, soit directement par notre occupation comme en Indochine, soit indirectement par nos zones d'influence, comme en Chine et en Afrique occidentale; nous avons assez déséquilibré leurs coutumes et leurs modes d'existence pour que nous n'ayions plus le droit de les lâcher, et voudrions-nous exercer ce droit qu'une majorité nous le refuserait en invoquant les exigences de notre expansion coloniale.

Et puisque bon gré mal gré, ces races mineures sont désormais fixées à notre domaine national ou doivent suivre le sillage de notre évolution, nous avons le devoir de les aider à franchir au plus vite la distance qui les sépare de nous. Or cette distance est obstruée par les missions catholiques, nous allons essayer de le démontrer.

En tête de l'extrait qui va suivre, notre ami se présente aux lecteurs et c'est bien là le rationaliste d'une tolérance absolue pour les idées d'autrui ; le libre-penseur, convaincu, mais qui ne veut pas que cette tolérance dégénère en duperie.

Déjà, nous l'avons dit plus haut, il avait parcouru l'Annam dans tous les sens, vécu le plus souvent avec les Annamites dont il parlait la langue ce qui lui a permis d'enregistrer des faits exacts, qui n'ont du reste jamais été sérieusement contestés.

Nous lui laissons la parole :

A. — Le recrutement des Néophytes chrétiens s'opère par l'exploitation de la Misère et le Rapt

Je suis venu en Indochine il y a plus de vingt ans, indifférent déjà en matière de religion, mais témoignant une certaine pitié sympathique à ces missionnaires qui abandonnaient leur famille et leur patrie pour ce que je croyais être un idéal mystique. Je puis aujourd'hui les juger sans haine comme sans faiblesse, avec toute la sérénité d'un rationaliste qui admet que d'autres pensent autrement que lui. Je n'hésite pas à déclarer que leur œuvre en Extrême-Orient et particulièrement en Indochine est néfaste. L'une des plus grosses erreurs du siècle sera d'avoir cru qu'ils répandent l'influence française et la font aimer. Un des plus profonds chagrins des libres-penseurs Indochinois aura été de ne pouvoir arriver à convaincre leurs camarades de la mère patrie de cette universelle hérésie. *Et pourtant il est bien vrai que les missionnaires nous font haïr dans les pays qu'ils envahissent.* Un indigène converti est un citoyen perdu pour sa patrie, un compagnon qui se sépare de ses camarades dont les charges deviennent plus lourdes, car en Annam, les obligations envers l'Etat sont collectives et leur répartition reste invariable souvent plus d'un demi-siècle.

L'Annamite qui consent à recevoir le baptême le fait rarement par conviction. Il tient par hérédité et par éducation, car c'est la base de la famille, au culte des ancêtres. Pour lui, adopter une religion nouvelle, intransigeante, c'est désorganiser la famille dans le présent et dans l'avenir, c'est devenir un sujet de haine pour les esprits de ses aïeux, de mépris pour ses parents encore vivants. Il ne se prosternera plus devant les tablettes qui louent son père, il n'aura plus désormais qu'une femme, et si elle ne lui donne pas d'enfant mâle pour perpétuer les sacrifices rituels, les mânes de ses aïeux erront pendant l'éternité sur les banians du village, heureux encore si quelque pieux habitant vient déposer à leur usage, aux pieds de ces banians, un pot de chaux à bétel.

Il faut donc que soient bien pressants les motifs qui poussent un Annamite à se convertir. C'est toujours la misère ou le crime. Ce dernier trouve souvent absolution et abri dans une chrétienté. Lequel des vieux Tonkinois n'a pas encore en mémoire les exploits sinistres du doc Tich et de Ba-Bao qui, leurs coups faits, se réfugiaient dans les missions espagnoles de Bac-Ninh et de Hai-Duong. Ces brigands, qui assassinaient les Français sur les routes en plein jour et qui avaient assez d'hommes dévoués et armés pour attaquer les postes, se retiraient chez les pères espagnols lorsqu'ils étaient traqués de trop près, et il fallut des menaces sévères de l'autorité française pour que cessât cette ignoble hospitalité.

Je n'irai pas jusqu'à dire que les missionnaires français en faisaient autant; leur tactique n'était pas la même. Beaucoup d'entre eux ne virent dans l'intervention française qu'une force mise à la disposition de leur fanatisme. Ils guidaient les colonnes de répression vers les villages réfractaires à leur absorption. Je pourrais en citer le témoignage d'un officier général.

Ainsi donc l'Annamite ne se convertit que forcé par la faim ou le besoin de rébellion contre les lois de son pays. Si les bœufs qu'il tient par héritage viennent à mourir et qu'il ne puisse plus labourer ses terres, il trouve à temps voulu, des émissaires de la mission voisine qui lui offrent au nom du père d'autres bœufs ou du riz. Ces prêts sont faits à usure, de 40 à 50 % par an, au moins, le taux qu'on appelle légal parce qu'une sage ordonnance royale a défendu de le dépasser, étant de 36 %. On ne réclamera pas tout d'abord ni l'intérêt, ni le capital, on laissera se tripler la somme due, on attendra une mauvaise récolte pour dire à l'imprudent débiteur : le moment est venu de payer ou de te convertir. C'est ainsi que la plupart des néophytes reçoivent le baptême. Cependant ce sacrement n'éteint pas la dette qui est toujours opposée à celui qui veut retourner aux pratiques de ses ancêtres. Les archives des résidences fourmillent de suppliques naïves rédigées par de simples paysans demandant à l'autorité française la permission d'abandonner la religion catholique, et racontant les circonstances, curieuses souvent, qui les avaient obligés à renier leur famille et leurs coutumes ancestrales.

Mais le recrutement le plus ignoble est le rapt d'enfants. Dans certaines provinces il se pratique impunément, aucune loi n'atteint le missionnaire. En juin 1898, un individu, le col orné d'un gros christ de cuivre et d'un scapulaire, pénétra dans la petite case que j'occupais au centre de mes défrichements sur le plateau d'An-Ké. Il tenait à la main un enfant de 7 ans, maigre, déguenillé, qu'il me proposa pour la somme de 50 piastres (environ 150 francs). Je bondis d'indignation, chassai le « dignitaire chrétien » et gardais l'enfant que j'enveloppai de ma pélerine, car il grelottait de fièvre. Moustique, tel est le nom que je lui donnai, me conta qu'il avait été enlevé par ruse à 500 kilomètres au Nord, dans le huyên de Hà-Dông, vers Tourane, et qu'il avait fait tout ce trajet à pied. Je rendis compte de ce fait au Résident qui m'écrivit : « si l'enfant veut rester avec vous, gardez-le, sinon, je le rapatrierai ». Je gardai Moustique, il est aujourd'hui interprète de la plantation. — Les Missionnaires essayèrent de démentir le fait en répandant le bruit que de faux chrétiens s'affublaient de scapulaires pour commettre des crimes, mais l'un d'eux ayant eu le cynisme de me réclamer par écrit Moustique comme étant sa proie, le fait ne peut plus être tronqué. J'affirmerai même que les missionnaires n'ont jamais cessé ce honteux trafic, que j'ai donné en quatre mois

l'hospitalité à plus de trente enfants ou adolescents que leur chef de convoi faisait coucher la nuit sur les bords d'un ruisseau près de ma case, et que l'année dernière, un garde principal Français et moi avons vu passer devant ma case deux missionnaires conduisant un troupeau de onze enfants.

Or, ces enfants volés sont conduits à huit jours de marche dans la montagne, où ils sont condamnés, les quatre cinquièmes à mourir d'un inexorable paludisme, le reste, par cette inhumaine sélection, à constituer des chrétientés chez les sauvages.

J'ai parcouru l'Annam, du Nord au Sud, et j'ai pu recueillir un si grand nombre d'observations de même ordre, que je dois me limiter à en citer quelques-unes :

B. — Intelligence avec les pirates, séquestration

Le village de A... possédait quelques chrétiens. Ceux-ci, apprenant l'arrivée de la colonne de police française, battent le tam-tam et ferment leurs portes pour permettre à un groupe pirate de fuir. Le village est condamné à une amende de mille piastres. Sur la promesse du missionnaire de faire lever l'amende, plusieurs païens se font baptiser. Mais le Père ne peut réussir à les exonérer et ils retournent à la religion de leurs ancêtres. Le curé indigène, excité par le missionnaire, les incarcère et les met au supplice. Les familles se plaignent. Le curé apprenant qu'une enquête est ordonnée, relâche les prisonniers, rase la case où il les détenait, et repique des patates sur l'emplacement.

C. — Rebellion armée aux lois

Au village de F... les chrétiens fabriquaient clandestinement de l'alcool. Le représentant du fermier général, par crainte du missionnaire, n'osait faire des perquisitions. Il profita cependant un jour de l'absence du prêtre pour envoyer des agents assermentés. Le tam-tam retentit et deux cents individus coururent sus aux agents : l'un de ceux-ci tomba frappé au front d'un bambou armé d'une pointe de fer.

Au village de G... même fait, aggravé parce que les chrétiens désarment et blessent deux soldats indigènes et volent une culasse mobile.

Au village de H..., les chrétiens torturent un agent de la ferme d'alcool.

Au village de K..., des bateliers chrétiens ont rossé des agents indigènes de la douane qui étaient envoyés pour leur faire payer les droits de navigation.

Tous les faits qui précèdent ont été recueillis dans les résidences à des sources exactes, je prie mes lecteurs de croire qu'ils ne sont point glanés péniblement ; je ne donne pas les situations géographiques des villages ni les noms des missionnaires visés parce que je veux seulement faire la critique d'un système religieux, anti-social, et non de la diffamation individuelle.

Les missionnaires ne tardèrent pas à répandre à mon insu, secrètement, un factum ordurier, sans signature, avec une fausse adresse d'imprimeur, sous ce titre : Un Camille turbulent et brutal. La préface était de l'évêque C........, je l'appris longtemps après. J'y étais traité de juif parce que je porte un nom de ville. Quand on m'avait accusé d'un gros crime, on écrivait, entre parenthèses (attrape ça Camille). Et je les avais attaqués, gémissaient-ils, parce que je savais bien qu'ils ne pourraient se défendre. Qu'eût-ce été, sainte Trinité, s'ils avaient avoué pouvoir riposter !

Ils m'ont fait assaillir par des sbires que j'ai rossés, provoquer par un spadassin que j'ai troué. Alors, jugeant la calomnie plus sûre, ils se sont acharnés sur ma vie publique et privée, dénaturant mes moindres actes. Deux fois en quatre ans, les missionnaires lancèrent contre moi les accusations les plus infâmes ; j'exigeai des enquêtes qui démontrèrent l'absolu néant de leurs calomnies, et chaque fois les enquêteurs me serrèrent affectueusement les mains, leur rapport terminé. Un de mes plantons, catholique, pour lequel j'avais toutes les indulgences afin qu'on ne put m'accuser de sectarisme, avait été placé là par les missionnaires. Il avoua dans une enquête qu'il se rendait tous les matins à 10 heures, chez le Père L......, pour lui rendre compte de mes moindres actes.

Enfin les missionnaires firent tant de bruit autour de moi que l'Administration, pour avoir la paix, me pria d'aller jouir en France d'un congé bien gagné par six ans de séjour. Je m'acquittai d'abord d'une mission scientifique que venait de me confier le Ministre de l'Instruction Publique et qui dura six mois, puis je m'embarquai à Saigon, un peu meurtri par cette lutte inégale.

On but le champagne à l'évêché.

C'était en 1896, j'avais dix-huit ans d'existence aux colonies et je ne pus m'acclimater à Paris. Je sollicitai une disponibilité, et moins d'un an après, je reparaissais en Annam, plantant ma tente de colon à Quinhon, en face de la Mission.

D. — Le missionnaire est ennemi du Colon

Je disais au commencement de cette étude que tout converti était un citoyen perdu pour son pays. C'est aussi un travailleur perdu pour le colon français. Il ne faut pas qu'un chrétien puisse avoir des relations avec un Européen, il pourrait y perdre sa foi naissante en l'omnipotence du missionnaire. Celui-ci l'attache à la glèbe, à la dime. Pour compenser cette servitude on lui apprend qu'il est complètement indépendant de toute race, de toute autorité, hormis celle du « Cha » Père. Il cesse aussitôt de nous témoigner de la déférence et nous regarde insolemment, le brûle-gueule aux dents. Ce brûle-gueule, pipe en bois à tuyau court, est vendu par la mission. Un Annamite à cheval vous rencontre-t-il ? S'il est bouddhiste, il mettra pied à terre ou s'écartera par déférence pour le grand frère, l'oncle (chu) ; le catholique, lui, prend le galop et vous heurte au passage.

Inutile au voyageur de chercher de l'aide ou des provisions dans un village chrétien.

Quelques cléricaux ont tenté d'user de ce patrimoine qu'ils pensaient devoir être commun à eux et aux missionnaires, et se sont même associés avec ceux-ci. Ils y ont laissé leur fortune ou ont abandonné assez tôt l'entreprise pour en sauver quelques bribes. Le Capitaine d'artillerie Devaugelade, devenu colon à Quangtri, a vu dès le commencement de son entreprise les chrétiens se liguer contre lui et incendier les champs de paillote plutôt que d'en couper pour couvrir les cases, parce que son associé était protestant. Devaugelade, sans main-d'œuvre, en butte aux mille tracasseries des Annamites catholiques, s'en alla mourir de chagrin à Thuanan.

Un planteur de la province de Quang-Nam, associé avec un missionnaire, dut s'en séparer et cesser d'utiliser des travailleurs chrétiens. Ses principes profondemment religieux l'empêchèrent d'ébruiter le fait, mais il transpira suffisamment pour que je puisse en affirmer l'exactitude.

Dans le Sud de l'Annam, un autre planteur, associé avec le missionnaire de l'endroit pour l'irrigation d'une vallée inculte, est en procès avec la Mission ; son entreprise est rendue bien difficile par l'arrêt des travaux et les frais coûteux d'une procédure compliquée. Je ne connais pas un seul cas d'entente d'un colon avec un missionnaire.

Le père Lesserteur, supérieur du Collège des Missions Etrangères à Paris, ayant soulevé une polémique contre un livre de M. Chailley, intitulé : *Paul Bert au Tonkin*, Paris répond aux prétentions de M. Lesserteur en démontrant, par des recherches historiques et des notes personnelles que l'intrusion du catholicisme en Annam a toujours été pernicieuse à l'influence Française autant qu'au développement vers la civilisation de la race Annamite.

Il passe en revue l'œuvre néfaste des Missions de 1596, date du débarquement sur les côtes d'Annam du Dominicain Espagnol Diego Advarte jusqu'en ces dernières années et, avec la connaissance des faits, explique comment ont été fomentés les troubles de 1885 à 1887 dont il était spectateur.

De cette réponse d'une cinquantaine de pages, nous extrayons deux Chapitres : Celui « *du rôle néfaste des Missions* » auquel s'ajoute une « *visite à la chrétienté de Phu-Thuong* » et celui de la « *vérité sur les soulèvements du Quang-Ngai.* »

Du rôle néfaste joué en Annam par les Missions. — L'intolérance des chrétiens a amené l'intolérance des lettrés. Ceux-ci, en gens qui se sentent forts et maîtres chez eux, ont trouvé bizarre que des individus armés simplement de bâtons en croix aient eu l'impudence de vouloir les supplanter par la force naturelle de ce bâton élevé en l'air, ramené à droite, puis à gauche, devant lequel quelques indigènes hypnotiques s'agenouillaient sans savoir pourquoi, lorsqu'ils n'avaient pas d'intérêt à le faire. S'il eut suffi de s'incliner devant une croix au lieu de faire des lay à leur Bouddha ventru, sans nul doute que les trois quarts des Annamites se fussent convertis volontiers, considérant les missionnaires comme une variété de bonzes ayant l'attrait de la nouveauté parce qu'ils venaient de loin.

Mais tandis que les bonzes se contentaient de temps à autre de mendier un poulet et de rompre leur ceinture de chasteté, les missionnaires, eux, surenchérissaient en accaparant l'administration publique, fiscale et même familiale. Le prosélytisme chrétien fut donc enrayé et resta seulement accessible aux misérables et aux visionnaires. Et il y eut, en outre, cette constatation, que pendant que les bonzes admettaient parfaitement comme voisins des individus d'une autre religion, les catholiques vouaient à la voirie tous ceux qui ne pensaient pas comme eux.

Phu-Thuong, chrétienté du père Maillard. — Je vais d'abord faire connaître le chrétienté de Phu-Thuong et son brave chef.

Quand je visitai Phu-Thuong, je marchai, étant en chasse, sur des crânes, des chevelures, des tibias, des colonnes vertébrales qui indiquaient clairement que des cadavres avaient pourri en ces lieux. Et M. Maillard, un peu embarrassé, tenta de m'expliquer que, malgré les ordres formels qu'il donnait pour enlever les ennemis morts, ses catéchistes n'en tenaient aucun compte, alléguant qu'un païen ne méritait pas d'être enterré et qu'il fallait le laisser manger par les chiens et les corbeaux. Et qui donc avait pu leur inculquer ces principes d'intolérance ?

Et puisque, après tant d'autres, je trouve l'occasion de parler de M. Maillard, e vais en profiter pour esquisser son portrait et l'aspect de son *oppidum*. Le P. Maillard est un homme fort, entreprenant et valeureux, tenant du bandit autant que de l'honnête planteur. Il s'est taillé un domaine dans un endroit inexpugnable par des indigènes qui ne disposent que de lances et de quelques mauvais canons, et il en est le seigneur absolu.

Nous projetâmes un jour, quelques jeunes officiers du *Lion* et moi, d'aller surprendre en amis le P. Maillard à Phu-Thuong, situé à une vingtaine de kilomètres de Tourane.

On suit d'abord la plage, chevauchant sur le sable mouillé jusqu'à 2 kilomètres au-delà de Tan-Ké, puis on coupe brusquement à angle droit dans les dunes, passant ensuite successivement par des dépressions couvertes de rizières et des ondulations incultes. Après deux heures d'une course folle, faite à pleins poumons dans la fraîcheur du matin, nous nous arrêtons à une barrière où sont assemblés des individus dépenaillés des deux sexes : c'est la première ligne de défense du camp. L'entrée est gardée par un lancier qui s'incline jusqu'à terre devant nous. Sur une plate-forme séparée des terres infidèles par une haie qui se prolonge suivant une démarcation indécise, sont réunis les fidèles qui vont à la maison-mère de Tourane, porter le fruit de leur labeur : paillotes, bambous, ananas, bananes, patates, etc. On leur donnera en échange un peu de riz acheté avec les deniers de la charité publique, puis ils resteront inactifs pendant quelque temps, donnant libre cours à leurs instincts de pillage.

Nous continuons notre route et nous ne tardons pas à nous heurter à une deuxième sentinelle ; celle-ci se trouve au pied d'un col dont le sommet est couronné par un autre lancier. Nous dévalons de l'autre côté, recevant les marques serviles de respect de tous ces sbires admirablement stylés par leur chef. Mais est-ce bien là l'entrée d'un monastère ? Chut, soyons onctueux, voici le P. Maillard. On remet son casque d'aplomb et l'on s'avance gravement. Il est précédé d'une demi-douzaine de soldats à uniformes écarlates, armés de fusils à répétition, d'autres l'entourent et ferment la marche : c'est sa garde du corps, comme il l'appelle lui-même ; elle est composée d'individus qu'il a su fanatiser et qui se feront tuer à ses côtés quand il le voudra. Il retourne avec nous et nous fait les honneurs de son domaine avec la plus grande courtoisie. Ses champs sont vastes et couvrent un vallon d'une étendue considérable, mais les cases sont clairsemées et les terres friches. On remarque encore la disposition en échiquier des terrains de rizières, mais aucune céréale ne le dispute actuellement à l'ivraie. Ce vallon pourrait, d'après le P. Maillard, nourrir dix mille individus, trois mille seulement l'habitent et ne le cultivent pas à cause de l'incertitude du lendemain. Sur ces trois mille habitants, six cents hommes sont armés et toujours prêts à marcher au premier signal. Je ne voudrais pas insinuer des accusations que je ne pourrais qu'imparfaitement formuler et soutenir, en allant jusqu'à dire que les fidèles de Phu-Thuong trouvaient moins pénible de récolter les champs transalpins appartenant aux bouddhistes que d'ensemencer les leurs, mais je me trouvais plusieurs fois à Tourane au début de la rébellion, quand les insurgés, n'étant encore que des mécontents, vinrent se plaindre aux autorités des déprédations de leurs compatriotes chrétiens. Le capitaine de frégate qui commandait alors, les invita une fois à développer leurs griefs devant les missionnaires, espérant arriver à une entente. Mais il commit la maladresse d'accepter comme interprète, le P. Maillard, le plus violent des pères, et comme il est facile de le présupposer, le P. Maillard chargé de traduire les réclamations formulées contre lui-même s'en acquitta de manière à faire avorter toute conciliation. A partir de ce jour, la rébellion s'accentua jusqu'à ce qu'elle devint aiguë, générale, sauvage et elle ne s'apaisa que deux ans après, faute d'aliments, quand toute la province eut été brûlée et saccagée.

Je reviens à Phu-Thuong. Nous sommes arrivés chez le P. Maillard. Le mobilier de sa chambre se compose d'un ratelier d'armes à répétition, d'un lit, d'une table et de quelques chaises et rayons. Comme je ne suis pas venu là pour entreprendre et soutenir des conversations oiseuses qui viendront du reste pendant le déjeuner, je propose, malgré la grande chaleur, une partie de chasse sur les confins du vallon. On accepte, et nous voilà de nouveau, chevauchant, mais cette fois avec des bachibouzouks derrière nous, qui garderont nos chevaux quand nous ne pourrons plus nous en servir. J'avais oublié de dire que la mission proprement dite et ses dépendances, église, couvent, etc., sont édifiées sur un petit mamelon, véritable réduit de défense dont les abords sont garnis de petits canons. Comme je l'écrivais au commencement de ce chapitre, nous marchâmes en maints endroits sur des squelettes qui témoignaient qu'on s'était battu là, ou tout au moins qu'on y avait exécuté quelques infidèles téméraires.

Nous rentrâmes à onze heures, suant, soufflant, tirant la langue. Le P. Maillard ouvrit sa garde-robe et nous distribua cai-ao blancs et noirs. Je ris encore de notre affublement. De ma robe noire tombant aux genoux, on voyait sortir une paire de bottes ; un joyeux enseigne portait un cai-ao long et blanc qui lui donnait des airs d'enfant de chœur ; quant au médecin, sa veste courte de cotonnade blanche le faisait garçon pâtissier. Un dîner plantureux, des efforts réitérés pour éteindre notre soif ardente, nous délièrent la langue. C'était un samedi, nous avions apporté une bonne choucroute garnie ; le P. Maillard cédant à nos instances allait y goûter quand il aperçut s'écarquiller les gros yeux de ses acolytes. « Non, je n'en veux pas, je ne les tiens que par l'exemple, » dit-il en désignant l'un d'eux d'un geste imperceptible. Au dessert, nous engageâmes une discussion philosophique avec plus d'exubérance de paroles que de bonnes raisons, mais nous nous retirâmes peu à peu de la lutte, laissant au médecin l'honneur de tirer le dernier coup de feu. Puis nous repartîmes à Tourane escortés par un convoi d'une cinquantaine de lances.

« On vous a vus passer », nous disait le missionnaire guerrier, et il se « pourrait qu'on vous attendît au retour ».

Ces faits sont déjà loin, et plus j'y réfléchis, plus je me persuade que le P. Maillard fut le principal fauteur de la révolte dans le Quang-Nam.

Un peu plus tard, afin de lui rendre la politesse qu'il nous avait faite à Phu-Thuong, je l'invitai à dîner. Et pendant le repas, alors que ma femme manifestait des craintes sur les progrès rapides de l'insurrection, il lui dit avec assurance : « Maintenant, je puis en tuer sans remords, des païens : Monseigneur vient de m'envoyer l'approbation du pape ».

La vérité sur les soulèvements du Quang-Ngai. — Si nous descendons vers Qui-Nhon, nous rencontrons Quang-Ngai à mi-chemin. C'est une province florissante administrée par un quan-bo qui est placé sous les ordres du tuân-phu de Quang-Nam.

Cette province, berceau de l'insurrection, n'avait plus un chrétien quand j'y passai, les lettrés avaient massacré ceux qui ne s'étaient pas enfui assez vite. En revanche, ce pays n'avait pas un pirate. Les habitants du littoral entretenaient des relations avec des négociants Européens de Tourane. Le vapeur Français qui m'y conduisit en revint chargé de 180.000 kilogs de sucre brut. Nous allâmes chasser assez loin et nous ne rencontrâmes pas un habitant hostile. Tout le pays était admirablement cultivé. Je fis part de mon étonnement au mandarin du port de trouver un pays si prospère quand il y avait toutes les provinces limitrophes en feu. Il me répondit en souriant : « Quand les gens du Binh-dinh et du Quang-Nam n'auront plus de chrétiens, ils seront comme nous ». Nous voilà loin des affirmations du P. Lesserteur que si les missionnaires sont persécutés, c'est comme éclaireurs des Français.

Le P. Girand m'avait dit à Nam-Dinh, deux ans auparavant, que lui et ses collègues n'étaient pas enchantés de l'arrivée des Français, parce que les missions ne feraient plus ce qu'elles voudraient.

Pour en revenir au Quang-Ngai, je n'ai jamais vu une province où la vie publique et privée soit plus paisible et plus régulière, où les habitants soient plus soumis aux lois et aux autorités. Cette province nous offre la preuve évidente que l'insurrection n'avait pas été provoquée par de maladroits actes de politique, mais par l'attitude provocante des chrétiens indigènes.

J'étais, à l'époque, le premier Français qui eut traversé la province du Nord au Sud. Il était question de me donner 50 hommes d'escorte. Je protestai dans les formes respectueuses qu'exige la hiérarchie, donnant pour raison que ce serait peut-être le meilleur moyen de soulever les populations, à cause des corvées et des larcins inévitables qu'entraîne tout séjour de troupes en campagne. J'en parlais avec d'autant plus d'assurance que j'avais été tout seul à cheval, rendre visite à un mandarin qui se trouvait à 40 kilomètres dans l'intérieur du Quang-Ngai. Je n'avais rencontré sur ma route que des gens sympathiques et chez le huyên, j'avais reçu l'accueil le plus cordial. Seulement, il me supplia de renvoyer mon escorte dans le Binh-Dinh quand je commencerais les travaux chez lui. J'obtins de ne conserver que dix chasseurs Annamites que je maintins dans la plus stricte discipline. Sur toute l'étendue de cette province, je reçus une quantité infinie de victuailles que je distribuais journellement à mon personnel, tous les villages fournirent gratuitement tous les matériaux qui m'étaient nécessaires et toutes les nuits une centaine de coolies arrivaient de tous les côtés dans mon cantonnement pour travailler gratuitement le lendemain. Le Gouverneur de la citadelle me reçut de la façon la plus courtoise. Partout les habitants prévenaient mes désirs ; les mandarins me disaient : « Pourvu qu'on ne nous envoie ni missionnaires ni soldats, nous resterons fidèles, nous payerons tous les impôts et tous les droits de douane qu'il plaira à votre gouvernement de nous demander et nous n'empêcherons même pas les commerçants Français de venir s'installer chez nous ». Ils ne pouvaient séparer dans leur idée le drapeau de la France de la bannière des chrétiens.

C'est un mandarin du Quang-Ngai, avec les troupes de sa province, qui a capturé le grand chef Hieu, directeur de la révolte dans le Quang-Nam. Les troupes indigènes du Quang-ngai venues volontairement nous ont été de la plus grande utilité pour la pacification du Sud de la province de Quang-Nam.

Quatre employés de douane arrivèrent un jour, sans lettre de cachet, s'installer au lieu et place de la douane Annamite, et commencèrent le jour même à appliquer nos tarifs douaniers. Le Gouverneur se contenta de les appeler pirates en riant, et il entretint depuis, les meilleures relations avec eux.

Notre télégraphiste est le seul Européen habitant la citadelle, le gouverneur lui a donné une garde, une maison, un jardin et des domestiques. La première alerte qui l'émut fut celle-ci. Après la capture de Hieu, grand chef de la révolte dans le Quang-Nam, les chrétiens demandèrent et obtinrent l'autorisation de rentrer au Quang-ngai. Ils n'y furent pas plutôt installés qu'ils réclamèrent non-seulement leurs anciennes terres, mais aussi les récoltes qu'ils supposaient avoir été faites pendant leur absence de deux années. C'était, au premier chef, une demande impolitique et intolérable qui dénotait de la part des missionnaires le même esprit d'arrogance et d'hostilité qui les avait fait haïr précédemment. Il y eut effervescence et conflit, une bande de chrétiens ne trouva rien de mieux à faire que de pénétrer dans la citadelle et d'envahir le bureau télégraphique, réclamant l'appui de l'employé. Tout commentaire d'un fait aussi probant en atténuerait la portée.

Je résume en disant que les Annamites du Quang-Ngai, outrés des prétentions des chrétiens de leur province, se décidèrent à les chasser en juillet 1885, que depuis lors et jusqu'à la rentrée de ces mêmes chrétiens en octobre 1887, cette province ne nous coûta pas un centime d'administration et nous paya tout ce qui nous lui demandâmes ; que le colonel Callet, sans suite, le résident de Qui-Nhon, sans suite, la parcoururent en partie sans être inquiétés, et que moi, sans suite, ou avec dix chasseurs Annamites au maximum, je l'ai traversée entièrement, couchant dans les villages, et que je ne reçus des habitants que marques sympathiques, que de tous temps, les chaloupes Françaises purent venir charger du frêt à Coluy (ou Phô-Yên), embouchure du Sông Ta-Cuk, et principale artère commerciale, et que les premiers symptômes de mécontentement ne se manifestèrent que quelques mois seulement après la rentrée des missionnaires et à cause de leurs revendications exagérées.

Nous pourrions multiplier les extraits des brochures publiées par Paris, mais nous arrêterons là nos citations et terminerons par la Conclusion de « Missionnaires d'Asie » à la fin de laquelle il rappelle la mort tragique du garde principal Robert et le massacre de l'administrateur Odend'hal ne se doutant pas qu'il serait, trois années plus tard, victime d'un pareil assassinat, dans la même région.

CONCLUSION

Je crois avoir suffisamment démontré quel est le but démoralisateur, anti social, poursuivi par les missions catholiques. La loi sur les congrégations, en les épargnant, a considérablement augmenté leur nombre et leur puissance ; chaque courrier venant de France en déverse de nouveaux groupes sur l'Indo-Chine et la Chine. Sous une tolérance d'exception trop généreuse, la laïcisation est lettre morte, l'instruction laïque, sans crédit suffisant, manque de locaux et de professeurs. Les missions accaparent la propriété foncière, elles construisent des écoles confortables partout où s'établissent des familles françaises, réalisant ainsi leur idéal : entretenir les annamites dans l'erreur, pour retarder indéfiniment la jonction morale des deux peuples qui ne peut se réaliser qu'en dehors de toute religion.

Les procédés d'usurpation des missionnaires sont exactement les mêmes en Chine. Je cite les propres paroles d'un ancien consul Français : « Dans « les conflits entre missionnaires et Chinois, c'est toujours les missionnaires « qui ont tort, les plaintes des Chinois pour vols et rapts sont toujours « justifiées, mais nous donnons toujours raison aux missionnaires pour nous « conformer à la politique internationale adoptée vis-à vis des Chinois : « Sauver la face ».

Nous avons dans Manille un exemple complet de décomposition sociale par les missions catholiques. Et je complimenterai l'Amérique d'avoir opéré le sauvetage de cette race douée d'autant de qualités de cœur et d'intelligence que la race japonaise, si elle lui donne ensuite sa liberté.

J'ai fini. Suis-je parvenu à convaincre mes lecteurs de la nécessité pour la France de dégager sa responsabilité dans l'œuvre néfaste des missionnaires en Extrême-Orient ? Je le désire sincèrement et avec moi tous les libres penseurs de l'Indo-Chine.

Nous ne demandons pas qu'on interdise l'accès des pays asiatiques aux missionnaires catholiques, mais qu'on les soumette au régime commun de la colonisation, c'est-à-dire au respect des lois naturelles de l'Etat.

Qu'on fasse savoir aux Annamites qu'ils ne sont astreints à aucune obéissance ni à aucune marque spéciale de respect envers les missionnaires, même si le Résident va à la messe. Comme ils forment des associations commerciales et qu'ils se font inscrire en qualité de planteurs sur les listes électorales pour subtiliser la majorité, qu'ils soient soumis aux lois du commerce et aux lois sur le travail, que le gouvernement cesse de les exempter des droits de douane que paie le colon dans des circonstances identiques. Ils reçoivent en franchise des vins d'Espagne, de l'étain de Chine, des verroteries d'Italie, de la farine d'Amérique. En 1902, 18.000 litres de vins d'Espagne sont passés en une seule fois à la douane sans payer de droits. Qu'on leur interdise enfin l'enseignement comme on l'a fait en métropole, tous nos enfants ayant droit à la même sollicitude de l'Etat.

Qu'on impose une ligne de conduite inflexible à un choix d'administrateurs non susceptibles d'hésiter entre leur devoir républicain et leur foi religieuse. Il faut surtout éviter de confier l'administration d'un pays grand comme plusieurs départements à un missionnaire catholique. Je fais allusion ici, pour qu'il n'y ait pas d'équivoque, au colonel Tournier qui, étant Résident Supérieur au Laos, a confié au Père Vialleton, missionnaire à Kong-Toum, l'administration de tout le pays compris entre Attopeu et le Binh-Dinh. Et le P. Vialleton a conservé cette administration plusieurs années, revêtant tous ses écrits d'un sceau officiel, ayant une milice et des fonds publics à sa disposition. Sous son administration, le garde principal français Robert a été tué dans son poste par des sauvages placés sous l'influence du P. Viallelton, et ils lui ont apporté le révolver de ce malheureux. L'année dernière encore, l'administrateur Odend'hall a été massacré par d'autres sauvages du même rayon d'action catholique ; le P. Vialleton n'a rien prévu ni rien vengé.

Qu'on fasse enfin savoir au gouvernement Chinois que les missionnaires iront désormais évangéliser comme jadis à leurs risques et périls et que les populations seront libres de les accueillir ou de les chasser.

Ce n'est pas bien exigeant, et pourtant ce serait suffisant.

CAMILLE PARIS.

S'il fallait, aux brochures publiées, ajouter les articles de presse dont il fut l'auteur et qu'il signait franchement de son nom, nous n'en terminerions pas. Rappelons cependant le dernier article paru à la date du 14 mars 1907, ayant pour titre :

« Les Négriers de Jésus » qui lui valut, du R. P. Vialleton et de 17 autres missionnaires du Kon-Toum, assignation à comparaitre le 13 juin suivant, devant le Tribunal de Tourane pour répondre du délit de diffamation et s'entendre :

« Condamner, pour le préjudice causé à 500 piastres de dommages-intérêts au profit de chacun des requérants. »

Le 2 août, le Tribunal de Tourane rendait son jugement en annulant la citation des demandeurs comme irrecevable, les condamnait aux dépens.

En appel, ce jugement fut confirmé.

Le 25 janvier 1908, c'est-à-dire quelques mois plus tard, Paris succombait au Kon-Toum, frappé d'une flèche empoisonnée !!!

Or.·. de Hanoi (*Tonkin*) le 25 janvier 1908
Le Président du Comite.
E. SCHNEIDER AINE.

www.ingramcontent.com/pod-product-compliance
Ingram Content Group UK Ltd.
Pitfield, Milton Keynes, MK11 3LW, UK
UKHW020521180726
13839UKWH00005B/2236